知ろう！　あそぼう！　楽しもう！

はじめての手話❶

手話を知ろう！

監修：大杉 豊（筑波技術大学 教授）

はじめに

　この地球ではさまざまな人たちがくらしています。みなさんが1人ではなく仲間でささえ合って生きることの大切さを学ぶなかで、耳の聞こえない人たちとの出会いもあるでしょう。そのとき、聞こえない人とのコミュニケーション方法を知っていれば、たがいに心を通わせることができ、友達になる一歩をふみだす大きな力になります。この本が、みなさんの世界を広げていくことに役立つよう願っています。

　1巻では、聞こえない人と気持ちよくコミュニケーションを取るために知っておいてほしい基本的な知識を紹介します。まずは、聞こえない人の生活の様子を知り、手話という聞こえない人たちの言語などについて理解を深めていきましょう。

監修　大杉 豊（筑波技術大学 教授）

動画も見てみよう!

このマークがあるページは動画が見られるよ！

インターネットにつながるスマートフォンやタブレットで、QRコードを読みこんでみよう！　本にのっている手話を動画でくわしく見られるよ。

出演しているのは……

たまきさん　はるきさん　ゆめさん

こんな動画が見られる！

はねる

ありがとう・アメリカ

※この本のQRコードから見られる動画は、予告なく内容をへんこうしたりサービスをしゅうりょうしたりすることがあります。

もくじ

矢印の見方 矢印の種類によって、手の動かし方がちがうよ。

白い三角の矢印は、手を前か後ろに動かす。

赤い三角が2つの矢印は、2回以上くり返し動かす。

赤い三角の矢印は、手を左右か上下に動かす。

＊ この本で紹介している手話は、おもに標準手話です。手話には、同じ単語でも、ことなる表現があります。この本では、いくつかあるなかの1つを紹介しています。
＊ 手話と指文字の絵は、右利きの人用にえがいています。左利きの人は、やりやすいように左右の手を入れかえてもかまいません。

世界にはいろいろな人がくらしている！

外見からわかりにくい障がい

地球には、はだの色がちがう人、健康な人、病気や障がいのある人など、さまざまな人がくらしています。外見からはわかりにくいけれど、ひそかにこまっている人もたくさんいます。

たとえば、耳が聞こえない・聞こえにくい人たちは、日常生活のなかで、声や音がうまく聞き取れずこまることがあります。聴覚に障がいがある人は、日本におよそ34万人いて、年を取って聞こえにくくなった人も加えると、約10人に1人にもなるのです。

\ありがとう! /　\ どういたしまして。/

聞こえの程度は人それぞれ

　その人が聞こえるもっとも小さい音の大きさは、聴力レベル（db）で表します。耳が聞こえないことを「ろう」、聞こえにくいことを「難聴」といい、聴力レベルによって、軽度難聴・中等度難聴・高度難聴・重度難聴に分かれています。

難聴の程度	聴力レベル	聞こえる最小の音
問題なし	20db	木の葉のふれ合う音
軽度	30db	ささやき声
中等度	40db	
	50db	
	60db	ふつうの大きさの話し声
高度	70db	そうじ機の音
	80db	
重度	90db	どなり声、さけび声
	100db	
	110db	自動車のクラクション
	120db	飛行機のジェットエンジンの音

だれもがかかわり合う未来のために

　今、世界では、だれひとり取り残さない世の中を目指そうという目標（SDGs※）をかかげています。耳が聞こえる人・聞こえない人がかかわり合い、たがいにささえ合って生きていくことができれば、たくさんの人にとってゆたかな未来を作ることができるはずです。通じ合うために必要な言葉として、音声の言葉だけでなく、「手話」も身につけておくとよいでしょう。

※SDGs…国連サミットでさいたくされた2030年までに目指すべき17の目標のこと。

「きこえとことばの教室」に通う小学生の1日

発音の練習や読み書きの勉強をする「きこえとことばの教室」という学級に通っている、小学3年生の玲菜さんに話を聞いたよ！ 玲菜さんは、どんな1日をすごしているのかな？

教えてくれるのは
玲菜さん

小学3年生。日常生活では、人工内耳をつけて声や音を聞き取っています。本を読むことが大好きです。

玲菜さんの
自己紹介が動画で
見られるよ！

→ **6:45 起床**

ねているときは人工内耳を取っていて、起きたら人工内耳をつけます。人工内耳を取っているときは、声や音が聞こえづらいので、家族とは手話で「おはよう」とあいさつをすることもあります。

おはよう。

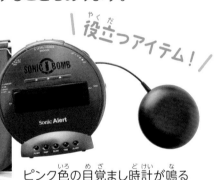

役立つアイテム！

ピンク色の目覚まし時計が鳴ると、まくらの下に置いた黒い部分がブルブルふるえて、目覚ましが鳴っていることを教えてくれます。

人工内耳を
つけるよ。

人工内耳をつけると、音がきれいに聞こえて、訓練することで聞き取りやすくなるんだって！

8:40　学校へとうちゃく

「きこえとことばの教室」は、玲菜さんが毎日通っている小学校とはちがう小学校にあります。「きこえとことばの教室」の学級がある小学校へは、週に1回、午前の時間に通っています。

おはよう
ございます！

 8:45　授業開始

話に出てきた言葉を、先生がホワイトボードに書いて、言葉を集めます。

何がいちばん
楽しかった？

ローラー
すべり台が
楽しかった！

今日は、遠足の写真をモニターにうつしながら、楽しかったことやおもしろかったことを、先生に話します。

先生といっしょに、いろいろな言葉にふれながら、発音がむずかしい言葉もうまく発音できるように練習しているよ。

遠足の作文を
書きます。

「ツ」と「チュ」は
発音がにていて
むずかしいな〜。

話に出てきた言葉のなかから、発音がむずかしい「ツ」と「チュ」の発音を練習します。

7

体を動かして
あそぶ

先生、
おして！

もっと
回して〜。

おもしろい！

トランポリンも
あるよ！

「きこえとことばの教室」には、いろいろな遊具が
あります。体を動かして思いっきりあそぶと、玲
菜さんから自然とたくさんの言葉が出てきます。
あそぶことも、言葉を引き出す大切な活動です。

友達と交流できると
楽しいね！

勉強は先生と2人で行い
ますが、同じ「きこえとこ
とばの教室」に通っている
友達とこうかんノートをし
たり、お楽しみ会などで
交流をしたりしています。

🕙 10:45 授業開始

「きこえとことばの教室」の授業が終わったら、
毎日通っている小学校へ行って授業を受けます。

みんなといっしょに
受ける授業もおもしろい！

授業中は、人工内耳をつけて
いても言葉が聞き取りにくいこ
とがあります。そこで、先生
が話した言葉をマイクで拾っ
て、人工内耳に音をとどける
「ロジャー」という機器を、先
生が首からかけています。

役立つ
アイテム！

国語の授業では、となりの席の友達とこうごに音読をしています。

昼休み

昼休みは、タブレットでゲームをしたり、みんなでおにごっこをしたりしてあそんでいます。

かけっこも得意だよ！

 15:00　帰宅

家に帰ってきたら、宿題をして、YouTubeを見たり、読書をしたりしてすごします。

自主学習では、世界の国旗を調べたり、いろいろな実験をまとめたりしているよ！

夏休みの自由研究では、世界地図をがんばって書き写したよ！

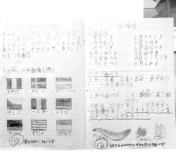

YouTubeを見るときは、「ロジャー」をタブレットにつけて、音をはっきりと聞き取れるようにしています。

玲菜さんは、本を読むことが大好き。日本や世界のれきしの本、都道府県の地理の本など、たくさんの本を読みます。

将来のゆめは、本屋さんになることなんだって！

ろう学校に通う小学生の1日

耳が不自由な人が通う、ろう学校。小学6年生の祐貴さんに、毎日どんなふうにすごしているのか、教えてもらったよ!

教えてくれるのは
祐貴さん

小学6年生。補聴器をつけると、少し聞こえます。日本地図を覚えるのが得意です。

祐貴さんの
自己紹介が動画で
見られるよ!

🕕 6:30 起床

祐貴さんは朝、補聴器をつけて、お母さんと手話であいさつをし、身支度をします。

\役立つアイテム!/

ぼくも、しんどうする目覚まし時計を使っているよ!

補聴器は、ひとりひとりの耳の形に合わせて作る特注品です。好きな色を選べます。

🕢 7:40 学校へ出発

行ってきます!

学校へは、バスと電車を乗りついで通っています。通学時間は、30分くらいです。

これがあれば
安心だね!

かばんには、耳が不自由なことを知らせる耳マークをつけています。通学中に何かあったら、まわりの人に文字や手話などで伝えてもらえるようにと、お母さんがキーホルダーにしてくれました。

\役立つ
アイテム!/

8:15　学校へとうちゃく

祐貴さんが通う、ろう学校は、幼稚部から高等部まである特別支援学校です。クラスは少人数で、祐貴さんのクラスは4人。

何かあったときに、文字を書いてすぐ相手に伝えられるように、速く書く練習もしているんだって！

みんなの手話は、ものすごい速さ！

おはようございます。

授業の前に、タイムを計りながら、書き写しの練習をします。音声として聞いたり話したりする経験が少ないと、言葉はなかなか覚えづらいものです。そのため、言葉や文法の知識がしっかり身につくように、正しく書く練習をしています。

見つけた！　助かる設備

ろう学校では、目で見てわかる、さまざまな設備が整っています。耳を検査する機器などもあります。

気をつけて！

階段のおどり場のカーブミラー。だれかが近づいてきたことを音で気づけなくても目でかくにんできるように鏡があります。

光って知らせるチャイム。教室だけでなく、ろうかや階段など学校のあちこちにあります。赤色のランプが、授業が終わった合図です。

災害情報や通学の電車の運行情報など、大切なお知らせを表示する電光掲示板。

聴覚検査室という子どもの聞こえの具合を調べる、特別な部屋があります。

🕘 9:00 授業開始

> これから授業を始めます。

たんにんの先生は、耳が聞こえる人です。みんなが、口の動きでも会話を読み取れるように、わかりやすく手話といっしょに口を動かして話します。

口元がしっかり見える
とうめいのマスク！

日直の人が前に出て、始まりのあいさつをします。みんなが見える位置で、おたがいに目や手話で合図を出し合いながら、タイミングをそろえてあいさつをします。

自立活動

自立活動とは、耳が不自由なことで、勉強や生活をするなかでこまることがあったときに、自分で解決する力を育てる授業です。この日は、みんなと同じ耳が聞こえない先生が、勉強や仕事のことなど、自分の経験をふまえてアドバイスをくれました。

工作で作った
パティシエ！

> ぼくのゆめは、パティシエになることなんだ！

授業で話し合ったこと

先生の話を聞いて、社会に出たときにこまることや、解決策についてみんなで話し合いました。

大学など、聞こえる人ばかりのクラスでは、まわりの人が話していることがわからない。
➡ 指文字だけでも覚えてもらう。
➡ 筆談をお願いする。
➡ 口の動きを読み取れるように、はっきり話してもらう。

英語のリスニングなど、聞くことを求められるテストなどでは、どうしたらいい？
➡ 問題を書いた紙をもらえないか、相談する。

聞こえる人とグループで話し合うとき、同時に話されたら聞き取れない。
➡ ひとりひとり、順番に話してもらう。
➡ 先に、メモにそれぞれの意見を書いてもらう。

国語

4人クラスですが、国語の授業は2人で受けます。学習の進み具合に合わせて、より少人数で授業を行います。

昼休み

最近、みんなの間ではやっているあそびは「ワードウルフ」です。みんなで話し合って推理するゲームです。

体育

「1、2、3、4」などと号令をかけるときは、先生は手話で伝えます。

先生の手話を見て合わせているんだね！

16：00　帰宅

学校から帰って、宿題や自主学習を終えたら、自由時間です。

家では、お姉さんや友達とゲームでもり上がっています。お姉さんも耳が聞こえないので、2人で話すときは手話で話します。

お気に入りの本とカードはこれ！

こども世界地図

1日10分でちずをおぼえる絵本

日本地図カード

祐貴さんは、読み書きが得意です。好きなことは、日本地図や世界地図を覚えること。日本地図は、47都道府県の形を見れば、どの県か当てられるぐらいです。

家族みんなで話すときも手話で話すよ！

13

こんなふうに話してみよう！

コミュニケーションしてみよう

耳が聞こえない人のなかには、話している人の口の動きを見て、言葉を読み取り、発音をする「口話」の教育を受けている人もいます。「あな」と「花」のように、口の動きがにている言葉を読み取るのはかんたんではありませんが、ゆっくり、はっきり話しかければ、伝わりやすくなります。

まだ手話を覚えていないから話しかけられないと思う必要はありません。話した言葉のとおりには伝わらなくても、口の動きと身ぶりを合わせたり、紙に書いたりして伝えることもできます。

はずかしがらずに話しかけてみれば、きっと友達になれるはずです。話し方のポイントをいくつか紹介します。

目を見て話す

しっかり目と目を合わせて話すことが大切！ どのような気持ちなのか、伝わりやすくなるよ。

順番に話す

何人かで話すときは、口の動きや手話が見えるように、1人ずつ順番に話すよ。

ゆっくりはっきり話す

口をはっきりと開け、早口にならないように話そう。

正面に立つ

口や表情が見えるように、相手の正面に立とう。後ろから話しかけるときは、かならずかたを軽くたたいて合図するようにしよう。

身ぶりを使う

言葉に身ぶり（ジェスチャー）をつけて、わかりやすく伝えよう。

聴力をおぎなう補聴器・人工内耳

耳が聞こえない人の多くは、聴力をおぎなう機器をつけています。補聴器は、耳につけて音を大きくする機器です。人工内耳は、音を電気信号に変えて、音として聞こえるようにする機器で、耳のおくなどにうめこむ装置も必要なため、手術をします。どちらも、つけることで聞こえやすくなりますが、機器をつけても、完全に聞こえるというわけではありません。補聴器は、まわりの雑音を大きくしてしまう弱点もあります。

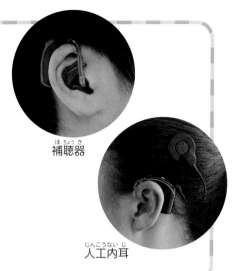

補聴器

人工内耳

伝えるには、こんな方法も

むずかしいふくざつな内容の話を伝えるには、文字を書いて伝え合う筆談で話しましょう。ペンと紙さえあれば、いつでもどこででもかんたんに会話をすることができます。

筆談のコツは、話そうとすることすべてを文字にするのではなく、伝えたい内容のポイントをおさえて短く書くこと。最近では、便利な機器もいろいろ登場しています。

文字で会話する 便利な道具

伝える方法や道具はいろいろあるんだね!

電子メモパッド

画面に文字や絵を書くことができます。ボタンをおすだけで文字が消せるので、くりかえし何度でも使えて便利! うすくて軽いので、持ち運びやすくなっています。

会話が見えるアプリケーション

話した言葉が、スマートフォンの画面に文字で表示されます。文字を打つこともできるので、耳が聞こえない人と聞こえる人の会話や、聞こえない人同士の会話にも使えます。

手話って、どんな言葉？

聞こえない人たちの大切な言葉

声で伝え合う「音声の言葉」が使えないとき、あなたは、どうやって人と話をしますか。多くの人は、紙などに字を書いて、言いたいことを伝えようとするでしょう。でも、毎回それでは時間がかかってしまい、たいへんです。

そこで、目で見てわかる言葉が生み出されました。それが「手話」であり、音声の言葉と同じように、国際的にみとめられている1つの言語で、「手話言語」とよばれることもあります。

手話では、手の形や位置、動きによって、さまざまな意味を表します。そして、手話で話すときは、顔の表情をつけることが大事です。声で話すときに声の調子を変えるのと同じように、顔の表情や身ぶりを使って、気持ちをゆたかに表現することができます。

手話は、聞こえない人がまわりの人たちとコミュニケーションを取るために、とても大切な言葉です。

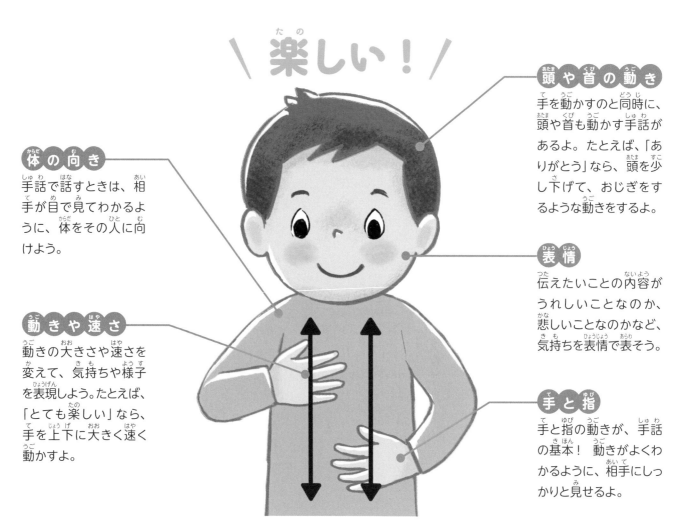

\ 楽しい！ /

頭や首の動き
手を動かすのと同時に、頭や首も動かす手話があるよ。たとえば、「ありがとう」なら、頭を少し下げて、おじぎをするような動きをするよ。

体の向き
手話で話すときは、相手が目で見てわかるように、体をその人に向けよう。

表情
伝えたいことの内容がうれしいことなのか、悲しいことなのかなど、気持ちを表情で表そう。

動きや速さ
動きの大きさや速さを変えて、気持ちや様子を表現しよう。たとえば、「とても楽しい」なら、手を上下に大きく速く動かすよ。

手と指
手と指の動きが、手話の基本！動きがよくわかるように、相手にしっかりと見せるよ。

16〜17ページの手話が動画で見られるよ！

手話ならではの文の作り

手話は、音声の言葉をそのまま手で表したものではありません。手話には手話の文法があり、単語の順番が音声の言葉とちがうこともあります。

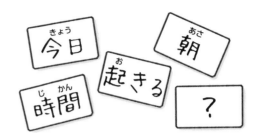

今日　朝　時間　起きる　？

[音声の言葉]

[手話]

わたしは　10　才

わたし　ねんれい　10

本当だ！単語の順番がちがうね。

POINT!
ここがいいね！

手話のみりょく

手話は、ものの大きさや形、様子などを目に見える形で伝えることができます。たとえば、ボールがはねたことを手話で伝える場合は、どのぐらいの大きさのボールが、どのぐらいはねたのかをわかりやすく伝えられます。

ボール　はねる

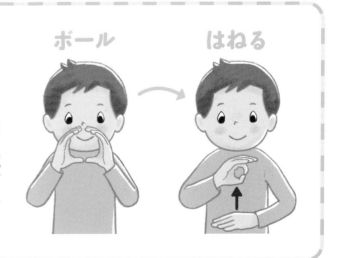

どんなふうに生まれたの？ 手話の始まり

昔、手話がなかったころ、耳が聞こえない人は、身ぶりで家族やまわりの人とコミュニケーションしていました。身ぶりをもとにして、手話という言語がどうやって生まれたのか見てみましょう。

手話はいつできたのかな？

手話がない時代は、こんなふうに身ぶりで伝え合っていたんだ。

食べる　　ねる

1

今から140年ほど前、明治11年（1878年）に、京都に日本ではじめてのろう学校ができたよ。

2

家や地域によって身ぶりがちがったから、ろう学校に集まった子どもたち同士、通じ合えないこともあったんだ。

？？

3

日本で最初に耳の聞こえない子どもの教育を行った古河太四郎は、子どもたちが話す様子に注目して……

お願い

いいよ

4

子どもたちが自然に使う身ぶりをもとに、学校で使える手話を作ったよ。

「夜」の手話
山に太陽のしずむ様子を表現し、手で両目をおおって、空をさぐるしぐさをする。

5

ろう学校はだんだんふえて、大正時代にはすべての都道府県に配置されたんだ。

そして、学校ごとにオリジナルの手話が生まれ、せんぱいからこうはいに引きつがれていったよ。

「伝える」の手話

昭和になると、ろう学校の卒業生が集い、社会問題などを話し合う全国ろうあ者大会や……

全国ろうあ者大会

また、スポーツ大会である全国ろうあ者体育大会も行われるようになって……

全国の聞こえない人たちの交流が始まったんだ。

音声の言葉にも方言と標準語があるけど、手話もだんだんと全国で共通する標準語（標準手話）が生まれてきたよ。

関東　　　関西

「名前」の手話ってそうやるんだ！

今では手話の辞典や動画もたくさんあって、音声の言葉と同じように、手話にも毎年新しい単語がたくさん生まれているよ。

「SDGsの手話」

手話には どんな種類 があるの？

手話という言葉

手話にもいろいろな種類があります。表すものの動きや様子、漢字の形などを表現したものもあれば、どのような成り立ちかわからないものもあります。

だれもがしたことのある指さしも、手話のひとつ。たとえば、自分を指さすと「わたし」、相手を指さすと「あなた」という意味になります。

だれのことを話しているのか相手に伝えるために、手話の指さしはとても大切です。

手話の辞典にのっている単語は約1万語で、みんなの使う国語辞典にのっている単語は約4万語あります。手話は、単語が少なくても、表情や動きの速さのちがいなどで、いろいろな意味を表現できる言葉なのです。

身ぶり からできた手話

手話を知らなくても意味が伝わるね！

食べる
[動きや様子をまねる]

犬
[すがたや形をまねる]

わたし
[指をさす]

20

指文字などでおぎなうことも

手話で会話中に、知らない単語が出てきたときはどうするでしょうか。相手が、自分が伝えたい言葉の手話を知らなかった場合は、どうやって伝えるのでしょうか。

そのときは、身ぶりを使うほか、指文字や空書きなどで、相手に伝えます。

ひらがな「あ」

▶ 28ページへ

数字「0」

▶ 30ページへ

指文字

指文字は、文字を手の形で表すもので、ひらがなのほか、数字やアルファベットがあります。

アルファベット「C」

▶ 32ページへ

1字ずつ伝えることもできるんだ！

空書き

空書きは、空中に文字を書いて伝える方法です。文字は紙に書くのと同じで、自分から見た形を書きます。

「国」

「ル」

21

指1本から始めよう！

人さし指1本で表せること

手話を覚えるのはむずかしそうだと思うかもしれませんが、手話のなかには、人さし指たった1本で表せる単語もたくさんあります。同じ1本の指でも、指の位置や向き、動かし方によって、意味が変わります。

「それ」と言うときにものを指さすなど、人は、ふだん会話をするとき、指さしや身ぶりを自然に取り入れています。まずは、なじみのある指さしや身ぶりから生まれた手話を覚えましょう。

わたし
人さし指で、自分のむねの辺りをさす。鼻の辺りをさしても同じ意味。

あなた
人さし指で、相手をさす。

同じ人さし指でも、相手をさすか、自分をさすかで、意味が変わるよ。

ここ
人さし指をのばし、むねの前辺りをさす。

あれ・あそこ・向こう
「あの人」「あそこの店」など、そのものがある方向をさす。

何？
人さし指を左右に軽くふる。首をかしげて、不思議そうな表情をするとより伝わりやすい。

言う
口元に立てた人さし指を前に出す。口から言葉が出る様子。

だまる・ひみつ
人さし指を立てて、口に当てる。

聞く
人さし指の指先を耳に近づける。音が耳に入る様子。

思う
人さし指をこめかみに当てる。そのまま手首を何回かひねると「考える」という手話。

教わる
人さし指の指先を、ひたいに向けて上から2回さす。教わったことが頭に入る様子。

悪い・だめ
鼻先をかすめるように、人さし指をふり下ろす。

うらやましい
人さし指の指先を口の横に当て、少し下ろす。よだれをたらす様子。

赤
人さし指をくちびるのはしに当て、反対側へ動かす。くちびるの色で赤を表す。

白
人さし指で自分の歯をさして、指先を横にふる。白色の歯をさして表現する。

23

動きや様子から生まれた手話

程度によって変わる表現

人の動作や様子だけでなく、自然の様子を表現した手話もあります。「雨」という手話では、いきおいよく両手を上下させると「大雨」という意味になるように、程度も表せます。

同じ手話でも表現の仕方で意味が変わるなんてすごい！

見る・見つめる

ピースサインを作り、目元から前へ出す。目で見る様子。

読む

手のひらの上を、人さし指と中指で上下になぞる。本の文章を目で追う様子。

書く

親指と人さし指の指先をくっつけ、手のひらの上に文字を書くしぐさをする。

会う

両手の人さし指を立て、左右（または前後）からくっつける。2人が出会う様子。

あそぶ

人さし指を立てて、顔の横でこうごにふる。何かを手に持ってあそぶ様子。

たのむ・お願いする

手を、顔の前でななめにかまえて、頭と手を前に出す。「お願い！」の動き。

約束する

両手の小指と小指をからめる。指切りをする様子を表す。

ねる

頭にまくらを当てるように、グーを耳の上辺りに当て、頭を少したおす。

24

食べる
片方の手のひらから、反対の手の人さし指と中指を口元に近づける。

飲む
片手を丸めてコップを持つような形を作り、口元に近づける。

料理する
片手を軽く丸め、反対の手で切る動きをする。包丁で食材を切る様子。

たまご
親指と人さし指を向かい合わせ、指先を下にして左右に開く。たまごをわる様子。

寒い
かたをすくめ、にぎった両手をふるわせる。

泣く
親指以外の指を直角に曲げ、目の辺りで左右に動かす。泣いている様子。

雨
両手を広げて下向きにし、上下させる。雨がふっている様子を表す。

風
開いた両手を、顔の辺りからななめにふり下ろす。風のふく様子。

TRY! やってみよう

今日の
天気は
雨です
→

今日　　天気　　雨

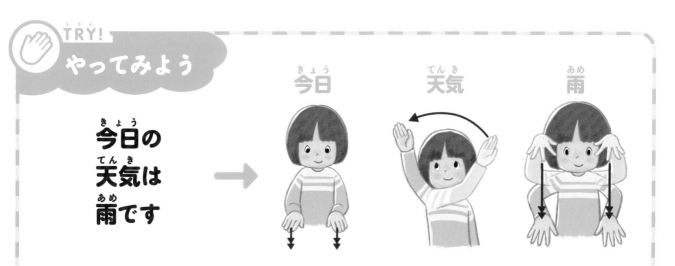

もののすがたや形から生まれた手話

とくちょうを表現した手話

ものの形や生き物のすがたなど、とくちょうを表した手話があります。三角屋根の「家」や、耳がたれた「犬」など、手の形や動きから意味を想像しやすい手話です。

どれも覚えやすいね！

家
のばした両手の指先をくっつけて、屋根の形を作る。

山
手のこうを上にして、山の形をかく。連続してかくと、「山脈」という意味。

犬
両手をのばして頭の横につけ、4本の指をたおす。犬の耳の形。

世界
両手で軽く輪を作り、前に半回転させる。地球の形を表す。

26〜27ページの手話が
動画で見られるよ！

電話
親指を耳、小指を口に当て、受話器の形を表す。

川
指を3本立てて、下ろす。「川」という漢字の形。

田
両指とも3本立てて重ね、「田」の漢字を作る。

月
親指と人さし指で、三日月の形をえがく。

雲（雲が動く）
両手を上げて雲の形を作り、空にうかんでいるように横に動かす。

パンダ
親指と人さし指で、パンダの目のまわりの黒い部分を表す。

くわがたむし
人さし指を曲げてひたいに置き、2回内側に動かす。くわがたむしの大あごをイメージ。

ぞう
にぎった手を鼻先で前後にふる。ぞうの鼻を表す。

TRY! やってみよう

月が
きれいだね！

→

月　　**きれい**

ひらがな

ひらがなの指文字は50音あり、名前や地名など、手話単語のない言葉を伝えたいときによく使います。日本の指文字は、アメリカで使われていた指文字（アルファベット）を参考に、日本でも使いやすいようにくふうして作られました。世界各国にそれぞれの指文字があります。

ひらがな指文字表

★それぞれの指文字の絵の下に由来を書いています。手は相手から見た形です。
カタカナも、ひらがなと同じ指文字で表します。

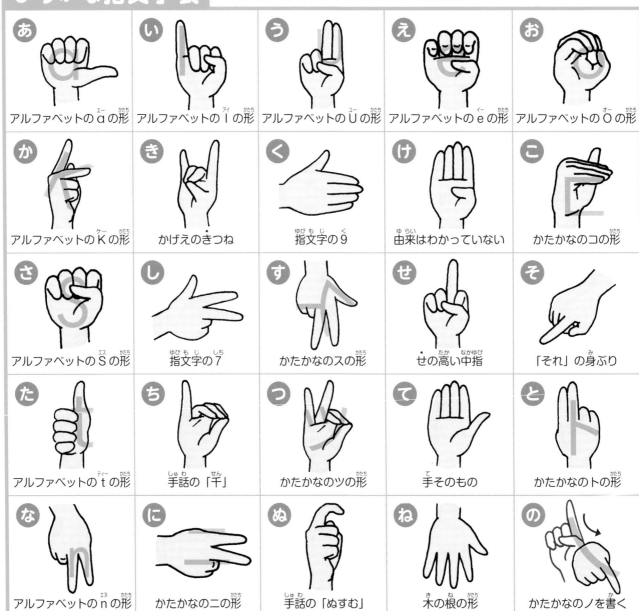

あ	い	う	え	お
アルファベットのaの形	アルファベットのiの形	アルファベットのuの形	アルファベットのeの形	アルファベットのoの形
か	き	く	け	こ
アルファベットのKの形	かげえのきつね	指文字の9	由来はわかっていない	かたかなのコの形
さ	し	す	せ	そ
アルファベットのSの形	指文字の7	かたかなのスの形	せの高い中指	「それ」の身ぶり
た	ち	つ	て	と
アルファベットのtの形	手話の「千」	かたかなのツの形	手そのもの	かたかなのトの形
な	に	ぬ	ね	の
アルファベットのnの形	かたかなのニの形	手話の「ぬすむ」	木の根の形	かたかなのノを書く

TRY! やってみよう

さの　だいき　→　さ　の　だ　い　き

さの　だいき　→

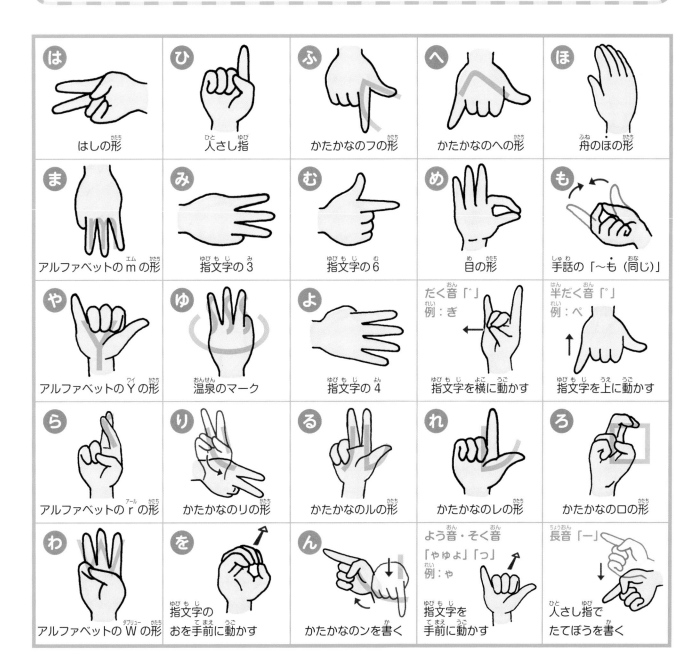

は はしの形	**ひ** 人さし指	**ふ** かたかなのフの形	**へ** かたかなのへの形	**ほ** 舟のほの形
ま アルファベットのｍの形	**み** 指文字の３	**む** 指文字の６	**め** 目の形	**も** 手話の「〜も（同じ）」
や アルファベットのＹの形	**ゆ** 温泉のマーク	**よ** 指文字の４	だく音「〃」 例：ぎ 指文字を横に動かす	半だく音「°」 例：ぺ 指文字を上に動かす
ら アルファベットのｒの形	**り** かたかなのリの形	**る** かたかなのルの形	**れ** かたかなのレの形	**ろ** かたかなのロの形
わ アルファベットのＷの形	**を** 指文字のおを手前に動かす	**ん** かたかなのンを書く	よう音・そく音 「ゃゅょ」「っ」 例：ゃ 指文字を手前に動かす	長音「ー」 人さし指でたてぼうを書く

29

数字

数字を表す指文字

日にちや時間、順番、長さ、数など、数字を伝える指文字もあります。1つの指文字で表せるものと、右ページの「26」のように、ふくすうの指文字を組み合わせて表すものがあります。伝えるときは、相手からよく見える向きにして正確に伝わるようにしましょう。

数字指文字表 ★手は相手から見た形です。百、千、万は、地域によって表し方にちがいがあります。両方覚えておきましょう。

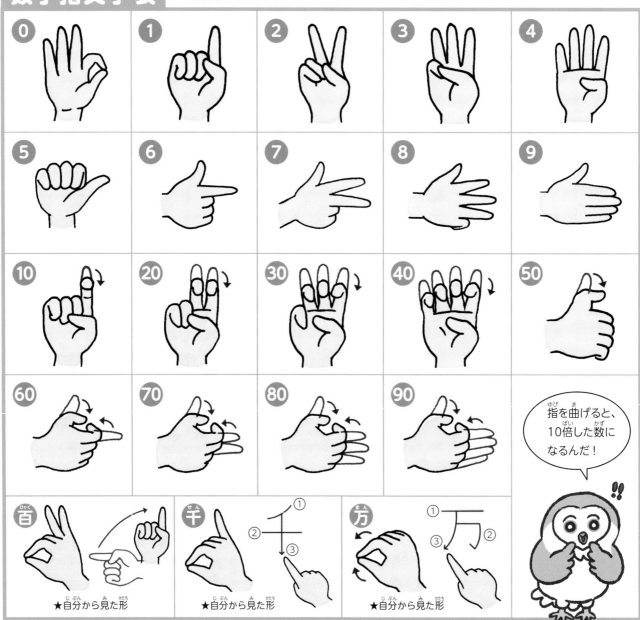

指を曲げると、10倍した数になるんだ！

31ページの手話が動画で見られるよ！

数字も覚えると、伝えられることがぐんと広がるね。

26

20　　6

「20」の指文字をしたあとに、「6」の指文字をする。

わたしは 11才です

わたし　　ねんれい　　　10　　1

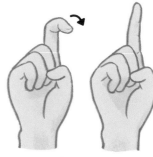

あごの下で、親指から順に小指まで、指をにぎる。

「10」の指文字をしたあとに、「1」の指文字をする。

わたしは 小学 四年生です

わたし　　小　　四

相手から見た「小」の漢字を表す。

漢数字の「四」は、数字の「4」を作り、手のこうを相手に向けて横にする。

アルファベット（国際手話）

世界で通じる手話

　聞こえない人が参加する、国際的なスポーツ大会であるデフリンピックや国際ろう者会議などがかいさいされるようになり、世界中の聞こえない人同士の交流がふえています。

　手話は国によってちがいますが、他国の人とも話しやすいように、「国際手話」という世界共通の手話が生まれました。世界中の人々が集まる場では、国際手話が使われています。

アルファベット指文字表

★手は相手から見た形です。小文字のａ〜ｚも、大文字と同じ指文字で表します。

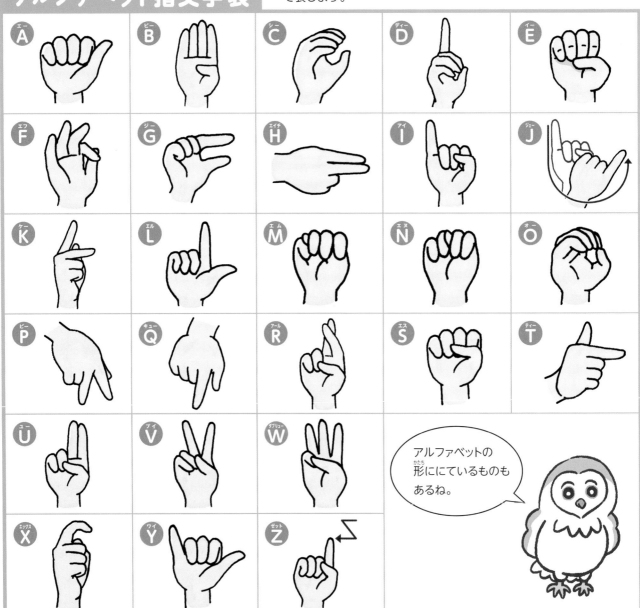

アルファベットの形ににているものもあるね。

国際手話のアルファベット

　日本で作られたアルファベットの指文字もありますが、左のページでは、国際手話の指文字を紹介しています。これを使えば、外国の人にも自分の名前を伝えることができます。アルファベットで1字ずつ伝えてみましょう。日本のアルファベットの指文字は、この本の後ろのページにのっています。ちがいを見てみましょう。

国際手話の
アルファベットを
身につけておくと、
外国の人とも
通じ合えていいね！

TRY!
やってみよう

I am Sakura. （わたしはさくらです。）

↓

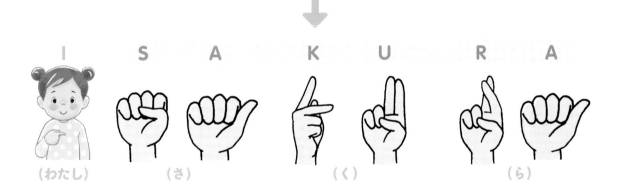

I	S	A	K	U	R	A
（わたし）	（さ）		（く）		（ら）	

JAPAN（日本）

↓

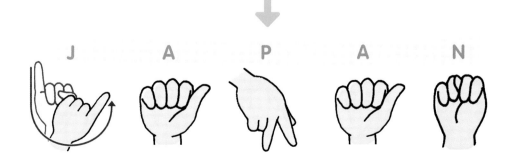

| J | A | P | A | N |

世界の手話を見てみよう①

身ぶりも国によってさまざま

手話は、身ぶりから生まれた言葉です。それなら世界中で通じるのかというと、そうではありません。なぜなら、わたしたちが使う身ぶりは、国によって大きくちがうからです。

たとえば日本で「おいで」と手招きする動きは、

アメリカでは「あっちへ行け」の意味。アメリカでは手のひらを上に向け、自分のほうへ手首を曲げるのが「おいで」の身ぶりです。身ぶりから生まれた手話も同じように、国によって表現がちがいます。

日本の「おはよう」は、起きる様子を表しているよ。

世界の朝のあいさつ おはよう

日本

● おはよう

こめかみに当てたグーを下ろすと同時に、頭を起こす。

開いた手をななめにかまえて、おじぎをする。

ブラジル ボン ディーア

🇧🇷 Bom dia

指先をくっつけた手を口元につけて、手を開きながら前に下ろす。

人さし指をのばし、ひじに反対側の手をそえる。人さし指をのばした手を横にたおす。

★手話は、話す人や地域によって、表現がびみょうにちがったり、まったくちがったりすることがあります。34〜39ページで紹介している世界の手話と方言の手話は、必ずしも絵と同じ表現とはかぎりません。

Good morning
グッド　モーニング

アメリカ

手を口元につけてから、前へ出す。

前へ出した手に、もう片方の手をのせてはさみこむように、手を手前に引く。

イギリス

4本の指をにぎり、親指だけ立てた手を作る。

にぎっていた4本の指をのばして、むねにふれ、横に動かす。

ケニア
Jambo
ジャンボ

手のこうに、もう片方の手を重ねる。

重ねたほうの手を軽く曲げて、下から上に出す。

同じ英語を話す国でも、手話はちがうんだね！

国によって意味が変わる手話

　日本では、親指と人さし指をくっつけて丸を作る身ぶりで、「OK」を表し、その手を前に出すと「OK」という手話にもなります。ですが、国によっては、その身ぶりが悪い意味をもっていることも。日本でよく使われている表現が、外国でも同じ意味をもつとはかぎりません。

OK!

世界の手話を見てみよう②

国はちがってもにている単語

　日本語と英語で共通の言葉をさがしても、なかなか見つからないでしょう。国がちがえば、言葉に使う文字も発音も、単語のならべ方もちがうからです。

　しかし、人間の自然な身ぶりから生まれた手話では、にた表現もたくさんあります。

　たとえば、「雪」という手話。雪がふってくる様子をイメージして、上から下へ手を動かす動きがいろいろな国で見られます。「雨」や「バナナ」などの手話もにている国があります。

世界の 雪

🇯🇵 日本

人さし指で歯をさして、指先を横にふる。

→

人さし指と親指をくっつけて、ひらひらさせながら下ろす。

🇦🇺 オーストラリア

手のひらを前へ向けて、両手を左右にふりながら下ろす。

🇿🇦 南アフリカ

開いた手を、指をひらひらさせながら下ろす。

36

文化がわかる手話

　手話のもとになる身ぶりには、それぞれの国の文化がえいきょうしています。そのため、ことなる表現方法になるものもたくさんあります。

　たとえば「書く」では、日本ではたて書きの身ぶりをしますが、多くの国では横書きです。また、日本の「ありがとう」という手話は、大ずもうで勝った力士が、お金を受け取るときの手刀を切る身ぶりからできたといわれています。

> 日本はあいさつのときに、おじぎをするけれど、しない国もあるみたい。手話も同じだよ。

世界の

🇯🇵 日本

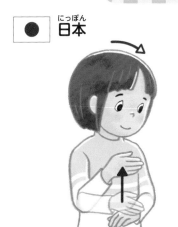

手のこうにのせた手を上げながら、頭を少し下げる。

⬛ ロシア

グーにした手を、ひたいとあごに当てる。

🇹🇭 タイ

両手を顔の前で向かい合わせて、左右に開きながら手のひらを前へ向ける。

🇺🇸 アメリカ

口元に当てた手を前へ出す。

🇮🇷 イラン

むねに手を当てて、少し頭を下げる。

🇨🇳 中国

親指を立てて、曲げる。

手話にも方言がある!

地域ごとにちがう手話

手話はもともと、耳が聞こえない人のいる家庭や、ろう学校で生まれ、それぞれの家や地域で大事に受けつがれてきた言葉です。しかし、人々の移動や交流がさかんになると、自分たちの使う手話が、ほかの地域の人には通じないということが起こるようになりました。

そこで、手話にも標準語(標準手話)が作られ、しだいに全国的に広まっていきました。今では多くの人が学校や手話サークル、本やテレビ、動画などで標準手話を学び、それを使うようになっています。それでも、音声の言葉の方言と同じように、それぞれの地域には、昔から使われてきた独自の手話が今でも残っており、その地域で受けつがれる方言がたくさんあります。

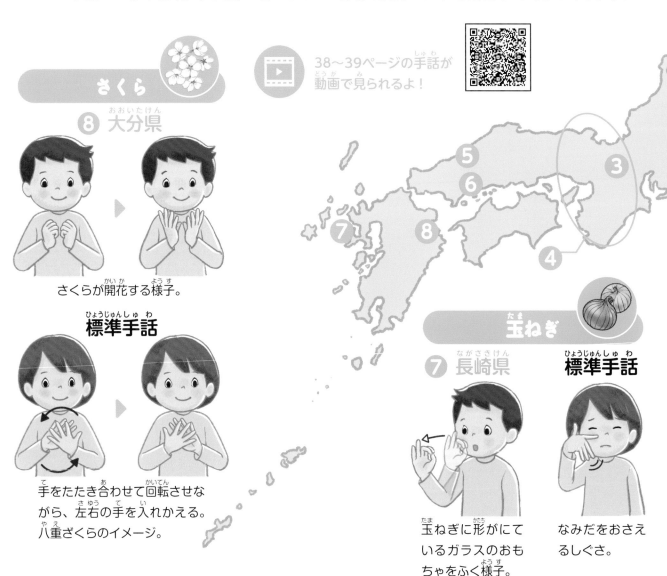

さくら

38～39ページの手話が動画で見られるよ!

❽ 大分県

さくらが開花する様子。

標準手話

手をたたき合わせて回転させながら、左右の手を入れかえる。八重ざくらのイメージ。

玉ねぎ

❼ 長崎県

玉ねぎに形がにているガラスのおもちゃをふく様子。

標準手話

なみだをおさえるしぐさ。

名前
④ 関西　標準手話
名札を表す。　はんこをおす様子。

水
⑤ 島根県　標準手話
水車が回る様子。　水が流れる様子。

さる
⑥ 広島県　標準手話
両手をほおの横で回す。　さるが手をかく動き。

秋
① 秋田県　標準手話
上着を着るしぐさ。　風が顔に当たる様子。

ほたる
② 群馬県　標準手話
おしりが光っている様子。　おしりを光らせて飛ぶ様子。

色
③ 京都府　標準手話
織物の職人が絵の具をとく様子。　絵の具のふたを開けるようにひねる。

聞こえない人もくらしやすい社会へ

　聞こえない人・聞こえにくい人が不自由なくくらせるように、社会ではさまざまな取り組みが行われています。それらはまだ十分とはいえませんが、どんな取り組みがあるのか、見てみましょう。

手話通訳

手話通訳は、テレビのニュースや会見、また、耳の聞こえない人と聞こえる人が話をする場面などで必要です。とくに病院では、しょうじょうを伝えて、医師の説明を受けるために、手話通訳の役割は大きいのです。

スマートフォンのアプリケーション

聞こえる人がマイクに話した言葉を文字として画面に表示させたり、聞こえない人が画面に打った文章を音声で読み上げたりするアプリケーションや機器などが、開発されています。

テレビや映画の字幕

字幕放送の番組では、セリフだけでなく、「パトカーのサイレンの音」や「ドアをたたく音」などの文字も表示されます。映画館でも、日本の映画に、日本語の字幕をつけて上映することがあります。

（パトカーのサイレンの音）

このマーク、知ってる？

耳マーク

聞き取りやすいように話すなどの援助を行うことをしめすマーク。人に見せて、耳が不自由であることを伝えることもできます。

手話マーク

「手話で対応をお願いします」または、「手話でコミュニケーションできる人がいます」などと伝えるマーク。

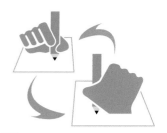

筆談マーク

「筆談をお願いします」と伝えるマーク。「筆談で対応します」という意味もあります。

ほじょ犬マーク

障がいのある人が、聴導犬などの補助犬といっしょに、いろいろなしせつや交通機関を利用することへの理解をうながすマーク。

聴覚障害者標識

耳が聞こえないことで、車のめんきょに条件がつけられている人が車につけるマーク。

店の入り口や窓口などにマークをしめしているところがあるよ。さがしてみよう！

SDGsで作る未来

　SDGsは、2015年の国連サミットでさいたくされた、世界全体の目標です。だれひとり取り残さない社会にするために、わたしたちひとりひとりが達成していかなければならない課題です。

　たとえば、聞こえない人たちの生活の不便さをなくすにはどうしたらいいでしょう? 聞こえない人たちがもっと自由に仕事を選べるようにするためには? 聞こえる人と聞こえない人の間にある見えないかべをなくすには?

　1人の力では無理だと思えることも、たくさんの人が意見を出し合えば、いろいろな方法が考えられるかもしれません。たとえば手話を学びはじめることも、かんたんで大きな一歩。コミュニケーションは、おたがいのことを知り、いっしょに何かを変えていくための大きな力になるからです。

手話通訳ってどんな仕事？

手話通訳は、聞こえない人の手話を聞こえる人に声で伝え、聞こえる人が話すことを手話で聞こえない人に伝える仕事です。手話通訳士としてかつやくしている、築山恭子さんに話を聞きました。

Q1 どんなところで仕事をするの？

病院や店など、さまざまな場所で仕事をします。聞こえない人は、ふだんの生活で不便なこともたくさんあります。

もっと手話通訳者がふえて、気軽に利用できるようになったり、だれもが手話を使えるようになったりすればいいなと思っています。

手話での
おしゃべりって、
とっても楽しいですよ！

手話通訳士　築山恭子さん

たとえばこんな場面で大かつやく！

ご飯のあとに
薬を飲んで
くださいね。

耳の聞こえない人は、
話をしている相手と
手話通訳者の両方を
見ながら話をするよ。

病院でしょうじょうを伝えたり、お医者さんがちりょう方法や薬の話をしたりするとき。

赤色の……

車や家など、大きな買い物をするけいやくの話をするとき。

Q2 どうしてなろうと思ったの?

子どものときから手話に興味があり、大人になって手話講習会で勉強を始めました。耳の聞こえない人とコミュニケーションを取れるようになったことがとてもうれしくて、それから、何年か手話の勉強をして、手話通訳の仕事をするようになりました。

Q3 仕事で気をつけていることは?

手話通訳の仕事は、話していることを正しく伝えるのが大事です。知らないことがあるとうまく伝えられないので、新聞やテレビのニュースは欠かさずチェックしています。また、耳の聞こえない人と聞こえる人との間でごかいが生まれないように、言葉を選んで伝えています。

「このあと」とは、どのぐらい先のことなのかなど、時間にかかわる内容は具体的に伝えるように気をつけています。

手話通訳をたのまれたとき、事前の会話でしんらい関係をきずけるように、ていねいに話を聞きます。

手話が見やすいように、手話通訳をするときは、もようがある服や、色が多い服は着ないんだって!

手話通訳の仕事をするには

都道府県などが行う手話講習を受けて、手話通訳者全国統一試験に合格して登録すると手話通訳者になれます。

もっといろいろな場でかつやくしたい場合は、厚生労働大臣認定の手話通訳士のしかくを取ります。

手話を覚える

・手話講習会
・手話サークル
・手話通訳者の専門学校
などに通う。

手話の経験を積んだり、聞こえない人と交流したりする。

手話通訳者全国統一試験 —合格→ 手話通訳者

手話通訳技能認定試験 —合格→ 手話通訳士

聴導犬って知ってる？

聴導犬とは、耳の聞こえない人の生活をささえる犬のことです。人間にすてられてほごされた子犬から候補が選ばれることもあります。聴導犬は、訓練ばかりではなく、たくさんあそび、愛情を注がれて育てられます。

Q1 ペットと何がちがうの？

耳の聞こえない人（ユーザー）といっしょにくらして、生活のなかの大切な音を知らせ、音がするところへ案内をしたり、きけんを知らせたりするのが聴導犬です。特別な訓練を受けて、テストに合格した犬だけが、聴導犬になれます。

ペットの犬とちがうことをしめすために、ケープという服を着ています。

知っておこう

聴導犬のケープには、「許可なくふれないでください」と書かれています。

ユーザーが急いでいるときや体調が悪いときなどに、きょかなくふれられると、ユーザーも聴導犬もたいへんこまってしまいます。ふれてもよいか、ユーザーにかくにんを取ってからふれましょう。

かわいいけれど
いきなりふれないでね。
まずはかくにん！

Q2 どんな犬が、聴導犬に向いているの？

聴導犬は、人を助けるのが仕事です。そのため、人のことが好きであることが何よりも大切。また、知らせる音にびんかんであること、おすわりやトイレなどのしつけを身につけて、ユーザーの指示をしっかり聞いて行動できること、体が健康であることなども必要です。

聴導犬 しょうくんの 仕事を見てみよう！

仕事❶　音を知らせる

聴導犬は、目覚まし時計やインターホン、キッチンタイマーなど、いろいろな音を教えてくれます。音が鳴ったら、ユーザーにタッチ。「音が鳴っているよ」という合図です。そのあと、音が鳴っているところへ案内します。

＼ 目覚まし時計が鳴ったら…… ／

起きて！

ありがとう！

ピピッ
ピピッ

ふとんの上にやさしく乗って知らせます。

宝田さんから

どこへ行くときも、もちろんしょうくんはいっしょです。店員さんがしょうくんを見て、わたしの耳が聞こえないことに気づき、身ぶりを使ったり、手話で話しかけてくれたりすることがありました。しょうくんがいることで、なごやかなふんいきのなか、いろいろな人の輪にも入ることができるし、コミュニケーションも取りやすくなり、とても助かっています。

＼ インターホンが鳴ったら…… ／

宝田さんにタッチ！

こっちだよ〜！

音が鳴っているところまで、宝田さんを案内します。

仕事❷ 安全を守る

火事が起きたとき、火災報知器の音に気づかずにげおくれてしまうと、命にかかわります。そのため、報知器の音を知らせるときは、タッチをしたあと、ふせをして、きけんがせまって

いることをわかりやすく知らせます。また、外では、走ってきた自転車がベルを鳴らしたら、ユーザーにタッチをして知らせます。家でも外でもユーザーの安全を守っています。

＼ 報知器が鳴ったら…… ／

報知器の音だ！

ふせをして、ひなんするために、宝田さんの指示を待ちます。

＼ 自転車のベルが鳴ったら…… ／

タッチして、自転車が来たことを知らせます。

聴導犬を育てる聴導犬訓練士

聴導犬訓練士は、聴導犬が、必要な音を聞き分けて、将来いっしょにくらす耳の不自由な人に前足でタッチして知らせる訓練や、歩くスピードを人にそろえる訓練などを行います。基本的なしつけ、毎日のご飯や散歩などの世話も仕事です。

聴導犬訓練士
野崎幸菜さん

すごいね〜！

キッチンタイマーが鳴ったら、タッチをする訓練。うまくできたら、たくさんほめてあげます。

野崎さんから

わたしは小学生のときに聴導犬の本を読み、聴導犬訓練士になることを心に決めました。訓練士の養成をしている学院で勉強をして、今は、訓練士として働いています。聴導犬とくらしている人から、「すごく助かったよ！」と言ってもらえたとき、耳の聞こえない人の生活をささえることができる訓練士の仕事をしていてよかったと思いました。

さくいん

監修 大杉 豊
（筑波技術大学 教授）

ろう者。劇団員、専門学校教員を経
て、米国ロチェスター大学大学院言
語研究科修了、言語学博士。2006年
より現職。専門は手話言語学、ろう
者学。主な編著に、『国際手話のハ
ンドブック』（三省堂）、共編著に、
『手話言語白書』（明石書店）、「わた
したちの手話 学習辞典」シリーズ
（一般財団法人全日本ろうあ連盟）
など、多数。

表紙イラスト	磯村仁穂
本文イラスト	磯村仁穂　赤川ちかこ
キャラクターイラスト	タダユキヒロ
デザイン	鳥住美和子　高橋明優　吉原佑実 (chocolate.)
編集	久保緋菜乃　戸辺千裕　滝沢奈美　姉川直保子 (ウィル) 橋本明美
DTP	小林真美 (ウィル)
撮影	田辺エリ
校正	村井みちよ
校正協力	田口真央　藤野桃香
動画協力	谷 千春 (NPO手話技能検定協会副理事長) 白鳥 環　寄口遥希　小林優芽 那須康史 (株式会社GROP) 寺澤洋次郎 (株式会社Desing Office CAN)
取材協力	世田谷区立駒沢小学校 世田谷区立松丘小学校 埼玉県立特別支援学校大宮ろう学園 一般社団法人 日本手話通訳士協会 社会福祉法人 日本聴導犬協会
画像提供	株式会社日本コクレア 株式会社キングジム 一般社団法人 全日本難聴者・中途失聴者団体連合会 一般財団法人 全日本ろうあ連盟 厚生労働省 自立支援振興室
参考書籍	「わたしたちの手話 学習辞典」シリーズ (一般財団法人 全日本ろうあ連盟)

知ろう! あそぼう! 楽しもう! はじめての手話①

手話を知ろう!

発　行	2022年4月　第1刷
監　修	大杉 豊 (筑波技術大学 教授)
発行者	千葉 均
編　集	小林真理菜
発行所	株式会社ポプラ社 〒102-8519　東京都千代田区麹町4-2-6 ホームページ　www.poplar.co.jp (ポプラ社) kodomottolab.poplar.co.jp (こどもっとラボ)
印刷・製本	大日本印刷株式会社

ISBN978-4-591-17299-5　N.D.C.801　47p　29cm　Printed in Japan
©POPLAR Publishing Co.,Ltd. 2022

P7233001

あそびをもっと、
まなびをもっと。

こどもっとラボ

知ろう！ あそぼう！ 楽しもう！

はじめての手話

全5巻

監修：大杉 豊（筑波技術大学 教授）

小学校中学年〜高学年向き
各47ページ
A4変型判オールカラー

図書館用特別堅牢製本図書

数字

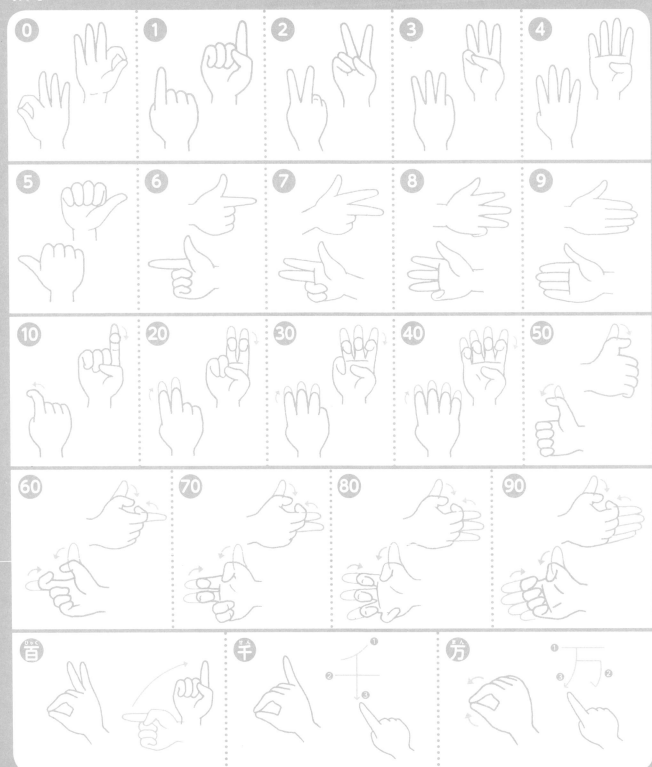